El Sentir de una Mujer Cubana

Eloína Márquez

AB FILM PUBLISHING

ISBN: 978-0-9971715-1-8

AB Film Publishing
290 West 12 Street, Suite A
New York, New York 10014

Palabras de la autora

Solo estos versos mitigan el dolor que llevo en el alma. Cada una de estas letras es un reflejo de mis sentimientos, de mis anhelos. Dios ha bendecido mis manos con la poesía, y va en ella toda mi esperanza de ser comprendida, de evocar recuerdos lejanos, y por qué no, de lograr que, como un milagro, vuelva a renacer el amor allí, donde ha ido apagándose tristemente.

¿Mi mensaje más sublime?: la familia. No hay oro en el mundo que aquilate la grandeza del amor familiar. La incondicionalidad, la gratitud y el perdón para nuestros seres queridos deben reinar siempre en nuestras vidas. Al final del camino eso es lo que verdaderamente nos queda. En este libro va toda mi entrega y mi corazón, además del deseo más puro de que se cumpla su magia: llevar mi voz y mi sentir incluso cuando yo no esté.

Eloína Márquez

A mi hijo Félix.

A su esposa y a mis nietos

A mi hermano Raúl que ha estado a mi lado siempre.

A Robelina

A mi hermana María que nunca se aparta de mí

A todas las personas que me ayudaron en los momentos más difíciles de mi vida.

Índice

Del amor y otras traiciones

A mi esposo

A la vida

A mi familia

Del amor y otras traiciones

Aprendí

Me he caído, me levanto.

He llorado, me consuelo.

Los golpes que da la vida

los espero con firmeza.

Ayudé tanto a los demás

que aprendí a esperar

a que me pidan ayuda.

Aprendí tanto del ser humano,

que he aprendido a ser yo misma.

Tuve que sentir la soledad

para aprender a acompañarme.

Toqué tanto fondo,

que solo miro al cielo.

Me han hecho tanto daño

las personas que tanto quise,

que aprendí a ser feliz

con las que realmente me quieren.

No me arrepiento

Nunca me he arrepentido
de hacer bien a los demás,
de lo que sí me arrepiento
es de no haber hecho más.
Más por aquellas personas
que realmente me quieren,
por las que nunca me hieren
por las que tanto me han dado,
que tanto me han ayudado
en los más duros momentos.
Sepan que mucho los quiero
y que en deuda he de quedar.
¡Si yo pudiera empezar
nuevamente desde cero!

Regálame una hora

Regálame una noche
y si puedes me das dos,
pero no traigas reloj
que yo me ocupo del tiempo.

Yo quiero sentir tus besos
y así podemos hablar,
me regalas una hora
que nunca tenga final.

Regálame una noche,
aunque no vuelvas más.
Regálame una noche
que nunca olvidarás.

Dámela si puedes,
no lo pienses más,
mira que no aguanto
esta cruda soledad.

Si no puedes una noche,
dame una oportunidad,
una hora nada más,
que yo me encargo del resto.

En secreto

Mi trabajo es quererte,
mi secreto es amarte,
mi vida es adorarte,
eso lo sabes ya.

Libertad no hemos tenido,
para podernos amar.
El secreto es nuestro barco
para poder navegar.

En ese barco tú y yo
sí podemos existir,
allí donde nadie nos vea
y amándonos vivir.

Así estaremos juntos,
y nadie lo sabrá.
En secreto viviremos
una eternidad.

Hay otro que está esperando

Qué pena, me andas buscando.
Qué pena que tú no ves.
Qué pena que te encontré,
en cuatro esquinas llorando.

Pero si supieras cuánto
a mí me vas a extrañar.
No pienses en regresar,
que no te estoy esperando.

Sin saber cómo ni cuándo
tú te alejaste de mí.
No supiste que sufrí,
que mi alma estaba penando.

Te va a pesar, no sabes cuánto,
al reconocer tu error,
pero ya es tarde mi amor,
hay otro que está esperando.

Quiero saber adónde vas

Tú me has dicho que te vas,
que te vas y no te has ido.
Dime cuál es el camino,
aquel que te guste más.

Quiero saber dónde estás
para no volverte a ver.
Tú no eres un hombre fiel.
Nunca has dicho la verdad.

Dime para dónde vas
y libre te dejaré,
así me retiraré,
contigo no me tendrás.

Siempre he dicho la verdad,
no me gustan las mentiras.
Tú no vuelvas a mi vida
que no te querré jamás.

Ven a recoger tu flor

Me regalaste una flor,
la guardé como un recuerdo
y cada vez que me acuerdo,
yo busco en ella tu olor.

Me rompiste el corazón
y aún pienso que no es nada,
al recordar tus miradas,
quiero de vuelta tu amor.

Ya no pienso en el dolor,
sé bien que vas a volver.
Te quise mucho y yo sé,
que no habrá otra traición.

Piensa bien en nuestro amor
que yo te estaré esperando.
No importa cómo ni cuándo,
ven a recoger tu flor.

Búscame

Cuando te sientas solo,
cuando te sientas triste,
no dudes en buscarme,
que me encontrarás.

Yo vivo en agonía
desde que te fuiste
pero cuando tú vuelvas,
qué distinto será.

Búscame que quiero
estar contigo ya,
no importa dónde sea,
no te arrepentirás.

Las noches y los días
son una eternidad,
sabes que no aguanto
esta cruda soledad.

Cuánto diera por verte
una noche nada más.
Me muero por besarte,
hasta la saciedad.

No necesito abogado

Nunca vuelvas a mi vida
porque no te quiero ver.
No terminas de entender
que tan mal tú me has tratado.

No quiero hombre a mi lado
que no me sepa querer.
Siempre he sabido crecer.
Sin nadie me he levantado.

Cómo tú me has manejado,
has creído que no sé.
Quizás te viro al revés.
Tu caso lo he superado.

Sin pensar me has despreciado,
y me supe reponer.
Sola me sé defender.
No necesito abogado.

No acabes con nuestras vidas

Nunca te importó mi vida,
así me lo has demostrado.
Nunca has tenido cuidado
para hablar de mí a escondidas.

Cuando te hablo te viras
y me das la espalda a mí.
Nunca me escuchas y así
sales y ya, te retiras.

Siempre he estado convencida
de hablar contigo y no puedo,
que me escuches te lo ruego,
no acabes con nuestras vidas.

Luego quieres que te diga
cosas lindas y no sé.
No lo mereces. ¿Por qué,
he de estar arrepentida?

Hombres no necesito

Amor no te necesito.
ve pensando otro camino,
que yo no sigo contigo,
ni por el Santo Bendito.

Mira a ver ese brinquito
que vas a dar sin razón,
destrozando un corazón,
dejándolo partidito.

Fíjate en el caminito,
que ahora vas a escoger.
Mira que no soy mujer,
que recoge restrojitos.

Ya no quiero ni un poquito,
de tu machismo a mi lado.
Mira cómo me has dejado.
Hombres ya no solicito.

Dame una explicación

Cuántas veces te pedí
no te vayas alma mía,
la vida sin ti sería
una muerte para mí
.

Por qué has cambiado así,
dame alguna explicación.
Quizás tengas la razón
y yo lo comprendería.

Hablarlo mejor sería
y así podría entender.
Si andas con otra mujer,
no lo niegues vida mía.

La verdad me dolería
pero me retiré,
y libre te dejaré.
Jamás te molestaría.

No me encontrarás

Si tú me quieres dejar,
piensa lo qué vas hacer,
porque si quieres volver,
ya no me vas a encontrar.

Si tú me piensas dejar,
con calma lo tomaré.
Oye lo que te diré
no me vuelvas a buscar.

Tú no supiste apreciar lo
mucho que te quería.
Cuando te encuentres sin guía,
ya no me vas a encontrar.

Sin mi te vas a quedar
porque ya me liberé.
Y hay algo que yo sí sé.
Jamás te vuelvo a buscar.

Sin mentiras

Yo te quiero y te prometo
amarte toda la vida,
sin traiciones, sin mentiras,
y con todo mi respeto.

Te doy mis noches, y si eso
no lo es todo para ti,
juro te daré de mi
el más puro sentimiento.

Siempre te llevo en mis rezos,
quiero tenerte a mi lado.
Tú nunca me has fallado.
Yo apostaré por lo nuestro.

Me conformo con tus besos
y con tus lindas miradas.
No te pediría nada.
Yo sabré vivir con eso.

No descansaré

Te busco en mi soledad,
quisiera oír un te quiero,
de tus labios yo lo espero,
pero no demores más.

Dijiste adiós y contigo
se fue mi felicidad,
por qué no regresas pronto,
que ya no resisto más.

Si no vienes ahora
yo te buscaré,
cruzo mares y ríos
no descansaré.

Al despertar la aurora
tú recordarás,
las noches que pasamos,
no lo pienses más.

Quiero estar contigo,
no descansaré
hasta no encontrarte
así viviré.

Sola sabré seguir

Yo nunca me imaginé,
que algún día me dejarías,
por otra que no tenía
ni cabeza para pensar.

Nunca pude imaginar
que eso a mí me sucediera
y que tú no me quisieras,
no lo pude figurar.

Tú ni puedes sospechar
lo sola que me quedé,
por eso te digo que:
¡no me vuelvas a buscar!

Sola yo sé caminar,
sola yo sabré vivir,
sola yo sabré seguir.
¡No pienses en regresar!

No me castigues

¿Por qué no vienes?
Dime dónde estás,
te busco y no te veo
dime la verdad.

Si ya no me quieres,
no lo niegues más
yo sabré quedarme
con mi soledad.

Te busco, no te veo,
no sé dónde estás,
es mejor vivir
con la realidad.

No quiero perderte,
pero qué puedo hacer
la vida cambia tanto,
lo debo entender.

Te quiero como a nadie,
te extraño, te deseo,
pero por más que me esfuerzo,
al buscarte no te veo.

No te voy a rechazar

Regálame tus besos,
regálame tu amor.
Dame tus caricias
llenas de pasión.

No sé si me quisiste.
No sé si yo te amaba.
Pero sí sé que nunca
volveré a amar así.

Qué fácil te creí,
tanto que te idolatraba.
Pero estaba equivocada
qué triste, qué tonta fui.

Nunca me olvido de ti
recuerdo bien todo aquello.
Guardo el calor de los besos
falsos que me diste a mí.

Pero la vida es así,
me toca vivir con eso:
la nostalgia de tus besos
y con mirarte partir.

No me olvides

Me dejaste y no sé
por qué yo nunca te olvido.
Acuérdate del camino
que siempre te trajo aquí.

Nunca te olvides de mí
cuando estés triste y cansado.
Yo a ti siempre te he adorado
el alma entera te di.

Si tú no lo crees así,
lo podemos aclarar.
Búscame en cualquier lugar,
que yo siempre estaré aquí.

Aunque sea dime si
podremos volver a hablar.
No lo vayas a dudar,
siempre esperaré por ti.

Te di la mano

Te di la mano
hoy me viras la cara,
te ayudé sin pensar
cuánto me quedaba.

Todo lo que tenía
lo puse en tus manos,
sin saber si mañana
no tendría nada.

Tú no lo apreciaste,
te saqué del pantano,
tampoco lo notaste,
siempre te di la mano.

No miraste nunca
de dónde te saqué,
y tampoco pensaste
cuánto te ayudé.

Heriste la mano
que tanto te ayudó,
hoy me viras la cara,
que te perdone Dios.

Mi vida se acabó,
de ti no lo esperaba.
Cuando me hiciste falta,
de ti no obtuve nada.

De recuerdos viviría

De recuerdos viviré
porque no tengo otra cosa.
La vida es color de rosa,
eso lo juro y lo sé.

Tus besos olvidaré
y en mi memoria, alma mía,
siempre quedará aquel día
cuando te fuiste de aquí.

Cada frase te creí,
pero no fuiste sincero.
Me dejaste y no quiero,
que regreses más por mí.

Busca a alguien para ti,
que no te haga una traición,
que te rompa el corazón
como tú me hiciste a mí.

Ya es muy tarde

Cuando te fuiste aquel día,
cometiste un gran error.
Pero ya es tarde mi amor
tu cama no está vacía.

No lo pensaste ese día
en que te fuiste de aquí,
y todo lo que sufrí,
recuerdo bien vida mía.

Bien sabes que te quería,
que me moría por ti.
Quién me garantiza a mí,
que regreses algún día.

Tu cama no está vacía,
ya te lo dije una vez.
Aunque cambies, ¿sabes qué?,
jamás te recogería.

Me iré llena de heridas

La vida es corta, es muy dura,
es difícil de vivir,
cuando tienes que sufrir
desengaños que no curan.

Vivir con tantas mentiras,
y no ver la realidad.
Creo que el tiempo no da
para sanar las heridas.

Que triste como te olvidas
de quien tanto te ayudó,
y los recursos te dio
para comenzar tu vida.

Y si te sientes perdida,
tú me vuelves a buscar,
te volvería a ayudar,
aunque esté llena de heridas.

El día de mi partida
que por ley, pronto será,
muchos recuerdos tendrás,
de quien por ti dio la vida.

Yo tengo dónde escoger

Me regalaste una flor
el día de mi cumpleaños,
la guardé por más de un año
y nunca te he vuelto a ver.

Ahora tienes que saber,
que yo no soy cualquier cosa,
tan solo con una rosa
no me puedes convencer.

Sabes, soy una mujer,
que merece tu respeto.
No juegues despreciando esto
que otros quisieran tener.

También tienes que saber
que a mí no me pones precio.
Mucho cuidado con eso,
yo tengo dónde escoger.

Se vive una sola vez

La vida es corta, te digo,
se vive una sola vez.
Ni virándola al revés,
yo vuelvo a vivir contigo.

Tú escogiste un camino
muy difícil de andar
y te puedo asegurar,
que no vivo más contigo.

Pero eso sí, yo te digo,
no me vuelvas a buscar,
porque no vas a encontrar,
ni siquiera a un enemigo.

Para regresar conmigo,
tú tendrías que cambiar
y te puedo asegurar,
que eso no pasa contigo.

Qué pena

Qué pena que tú no sabes
cómo amar a una mujer.
Qué pena que no lo sabes.
y no lo vas a saber.

Qué pena que tú no sabes
ni siquiera comprender
a una mujer que te ama,
que te quiere y que te es fiel.

Qué pena que tú no sabes
lo que yo sufrí por ti.
Qué pena que tú no sabes
todo el amor que te di.

Qué pena que ahora vienes
y te acordaste de mí.
Qué pena que yo no quiero
saber nunca más de ti.

A mi esposo

El día de tu partida

Te extraño mucho alma mía,
te extraño mi corazón.
Esa es la mayor razón,
que habita en mi poesía.

Desde el día de tu partida
mucho tuve que sufrir
para adaptarme a vivir,
sin ti esta nueva vida.

Sola me siento perdida,
sin ti mi vida no es nada,
cuando yo voy a mi cama,
y la veo tan vacía.

Tú siempre fuiste mi guía
nunca pude imaginar,
que el ser que tanto quería,
pronto nos iba a dejar.

No hago más que pensar
en todo lo que vivimos,
y solo alivio consigo,
cuando te vuelva a encontrar.

Enséñame a estar sin ti

Con mis lágrimas regué
el jardín que yo tenía,
me dejaste vida mía
y no puedo estar así.

Tan sola me siento aquí
como un pájaro sin nido,
no sé por qué tú te has ido
enséñame a estar sin ti.

Regálame un día a mí ,
regresa a casa conmigo
y me enseñas el camino
para yo vivir sin ti.

Déjame ser lo que fui,
cuando tu olor me bañaba,
cuando lo que me gustaba
lo guardaba para ti.

Demuéstrame amor que sí,
hay luz aún sin tus besos
y después que aprenda eso,
tal vez yo viva sin ti.

31

Ni lágrimas tengo ya

Tan grande es la soledad
que me abruma tanto espacio.
Mi cuerpo se hace pedazos
si veo que tú no estás.

La noche oscura se va,
amanece el otro día,
mi casa sigue vacía
y tú no regresas más.

Me duele la brevedad,
de mi día sin tus pasos.
Me quedo aquí con tu abrazo
viendo cómo te me vas.

Ni lágrimas tengo ya,
me siento seca por dentro,
mi añoranza por tu aliento
me colma la saciedad

Qué triste es mi realidad
tan feliz que fui contigo,
pero si ese es mi destino,
vivir en mi soledad.

Morir dentro de tus brazos

Subir muy alto quisiera
subir junto con tu cama
colocarla en una rama
y que tú caigas despacio.

Quiero caer en tus brazos,
quiero caer en tu cama,
convertirme en tu almohada
dormir entre tus abrazos.

Quiero subir al espacio,
pero quiero ir contigo,
hacer junticos un nido
dormir los dos al ocaso.

Quiero seguirte los pasos
para siempre estar contigo.
No me olvides, te lo pido,
porque me haces pedazos.

Si en las nubes hay espacio
volveré a subir contigo,
dormir en el mismo nido
y morir entre tus brazos.

Necesito de tus brazos

Qué sola me encuentro amor
en este mundo vacío,
me estoy muriendo de frío,
necesito tu calor.

Regálame un día si,
tú me quieres todavía,
yo no puedo estar sin guía,
mis riendas viven en ti.

Me muero con tanto espacio
en este mundo vacío
estoy temblando de frío,
necesito de tus brazos.

Ven a cubrirme despacio
en este cuarto vacío,
así no tiemblo de frío
así me fundo en tu abrazo.

Vivir sin ti yo no sé

Te fuiste y no sabía
que me ibas a dejar.
Nunca pude imaginar
que tan temprano te irías.

Qué triste es la vida mía
vivir sin ti yo no sé.
Si todo fuera al revés,
qué diferente sería.

Qué triste es la vida mía,
sin ti yo no tengo nada,
cuando me acuesto en mi cama
y la veo tan vacía.

Qué triste es la vida mía,
pensar que no volverás,
que tu imagen solo está,
grabada en mi poesía.

Solo la muerte

Anoche pensé en la suerte
en lo corta que es la vida,
de pronto sentí una herida,
es que me muero por verte.

Si supiera que la muerte
me ayudaría a olvidar
la mandaría a buscar,
aunque no pueda tenerte.

Creo que solo la muerte
me quitaría el dolor porque
sin ti no hay amor,
prefiero morir que perderte.

Sabes, yo quiero tenerte,
aunque te vuelvas a ir.
Le temo a verte partir,
desde antes de conocerte.

Aunque creo que la muerte
si me podría ayudar,
te volvería a buscar
desde el cielo para verte.

Soñando vuelo sin alas

Soñando puedo volar.
Soñando tengo una cama,
la pongo en el aire y nada
de ahí la puede quitar.

Sin alas puedo volar
así tal vez yo pudiera,
tenerte de esa manera
y volver a comenzar.

Soñando quisiera estar.
Soñando vuelo sin alas.
Soñando tengo una cama,
no quisiera despertar.

Ahí me quiero quedar
soñando siempre contigo.
Allí no tengo enemigos.
Qué lindo es volar sin alas.

Así te tengo en mi cama.
Así siempre estoy contigo.
Y en el aire yo te digo
sólo me faltan las alas.

Mi casa está vacía

Nunca pensé que te irías
que tan pronto me dejaras.
Sin ti yo no tengo nada,
sin ti no tengo alegría.

Me levanto cada día
y descubro que no estás.
Qué triste es la soledad,
sin ti yo no tengo guía.

Los pasos que yo sentía
detrás de mí ya no están.
No me puedo acostumbrar
mi casa está tan vacía.

Si regreso al otro día,
abro la puerta y no estás;
qué triste es la soledad,
que hoy inunda el alma mía.

Lo que tú a mí me decías
siempre voy a recordar
pero quisiera pensar
que estás aquí todavía.

Te busco en mi soledad

En mis noches de desvelo,
yo pienso en ti nada más.
Sé que no me quieres ya,
pero aquí siempre te espero.

Me levanto, no te veo
es tan cruel mi soledad,
si me acuesto tú no estás,
pero yo siempre te espero.

Recuerdo bien tantas noches
que pasamos tú y yo.
No te olvido, sé que no.
Sin ti vivir ya no puedo.

En mis noches de desvelo
te busco y tú ya no estás,
solo encuentro soledad,
si tú no vienes me muero.

Pero olvidarte no puedo,
yo pienso en ti nada más,
y por volverte a besar,
la vida entera te espero.

Sé que no vas a llegar

Me veo solita en mi cama
cuando me voy acostar,
si no te veo llegar,
creo que no tengo nada.

Si no tengo tus miradas
ya yo no puedo vivir,
creo que voy a morir,
sin tu calor en mi almohada.

Me levanto en la mañana
y descubro que no estás,
qué triste es la soledad
sin ti mi vida se acaba.

Cuando me acuesto en mi cama
y sé que no llegarás,
le canto a mi soledad,
que sin tu amor no soy nada.

A la vida

El tiempo es corto y se acaba

Temo que el tiempo se acaba
sin lograr lo que soñé:
terminar lo que empecé
antes de que yo me vaya.

Pienso ganar la batalla
y lograr lo que he anhelado:
mi libro tan deseado
y no quedar olvidada.

Desde niña yo soñaba
escribir, contar mi vida
antes de nuestra partida.
El tiempo es corto, se acaba.

Con afán idealizaba
que ese día llegaría,
que con Dios lo lograría
antes de irme mañana.

Sé que el tiempo es corto, es nada,
pero a mi Dios yo le pido:
"Siempre has estado conmigo,
no me dejes desamparada".

Mi soledad

Tan rápido van los años
¿para qué tanta maldad?
Puedes requerir bondad
de quien sufrió tus engaños.

Temor le tengo a la vida
entre tanta soledad,
sola me he quedado ya,
y así me siento perdida.

Recuerdos de lo que fuimos
no dejan de atormentarme
eres sangre de mi sangre
tantas cosas que vivimos.

Mi vida ya ha sido mucha
luchando me la he pasado,
hoy que no estás a mi lado
pierde sentido mi lucha.

Lo que yo siempre soñé

Desde niña yo soñé
con tener algo mejor,
con ser alguien superior,
por eso siempre luché.

Pero si supieras qué,
soñar tanto no es muy bueno,
pues hay que aprender primero
a vivir con fuerza y fe.

Así siempre seguiré
hasta que pueda llegar,
hasta que pueda lograr
todo lo que yo soñé.

Con fuerza yo llegaré.
Con fuerza voy a seguir.
Con fe yo puedo vivir
y acabar lo que empecé.

Siempre tienen la razón

Tanto he pedido perdón
por las cosas que no hice
que me di cuenta y no quise
seguir esta situación.

No quiero asomadas dos
lágrimas siempre en mi cara,
sigo adelante con ganas
hasta que lo quiera Dios.

Fingiendo preocupación
tus enemigos están,
pero la pura verdad
es que ríen con tu dolor.

Te rompen el corazón,
después de hacerlo pedazos,
vienen regalando abrazos
para ocultar su traición.

Antes de que yo me vaya

Cuando yo quise empezar
a escribir lo que soñé,
las burlas que me encontré,
no las quiero recordar.

Ya no podré disfrutar
por mi edad tan avanzada
sé que el tiempo es corto, es nada,
casi imposible es llegar.

Si pudiera terminar
de escribir lo que soñé,
mis recuerdos dejaré
antes de que yo me vaya.

Tal vez gane la batalla,
aunque queda poco ya.
Quizás el tiempo me da.
No pensaré en le mañana.

Tienes que aprender

Aprendí desde niña
a amar y a querer,
pero nunca he aprendido
a descubrir al infiel.

No porque no quería,
era por no saber
que los que tanto amaba
nunca me fueron fiel.

Pero así es la vida,
tienes que aprender,
los golpes enseñan
a ganar y a perder.

Dios siempre está contigo,
a estar sola no le temas.
Olvida a los que te olvidaron.
Da gracias por los que te quedan.

Me recordarán

Cuando las aves no canten
cuando las aves no vuelen,
será cuando yo me vaya,
de tristeza ellos se mueren.

La vida cambia tanto,
tienes que aprender.
Te vas y ya no vuelves
para qué padecer.

Todos los que te quieren
no te olvidarán.
Quedan tus recuerdos,
con eso vivirán.

El tiempo ha pasado
tal vez no pude ver
las personas tan lindas
que siempre me fueron fiel.

No porque yo quisiera
era por no saber
los que tenía a mi lado
nunca me fueron fiel.

Pero esa es la vida,
te vas y no sabes
lo que quieres olvidar
de tu alma nunca sale.

Aprenderás a vivir

No le pongas atención
a todo lo que te digan,
piensa bien que en esta vida
también existe traición.

Hay gente sin corazón
que te quiere destruir,
sé fuerte, aprende a vivir
y me darás la razón.

Cuando veas al traidor
vira la espalda y camina,
eso me enseñó la vida
llena tu alma de perdón.

No sufras por el traidor
que te quiere destruir,
sé fuerte, aprende a vivir,
conocerás el amor.

Hay gente sin corazón
ya te lo dije una vez.
Muy tarde yo desperté
y lastimé mi ilusión.

Pero a Dios gracias le doy
que yo pude despertar,
aunque no puedo borrar
de mi pecho ese dolor.

Con Dios todo

Deja atrás las dolosas
acciones que tanto hieren,
déjalo al tiempo si puedes.
Con Dios se aclaran las cosas.

La vida es color de rosa
si tú la sabes vivir.
Para qué vas a sufrir
si Dios aclara las cosas.

Cuando yo encuentro una rosa
se la doy al traicionero
que me hizo daño, no quiero,
que sigan las mismas cosas.

Si tú regalas la rosa
y no la quieren coger
da gracias a Dios, ten fe,
en que él aclara las cosas.

La maldad

Recuerdos llevo conmigo
difíciles de olvidar,
me duele tanto pensar
que tu olvido es mi castigo.

Usan mentira y maldad
para causar tu sufrir,
pero no debes vivir
pendiente de los demás.

Vive con intensidad,
y podrás irte tranquila.
El que causa tus heridas,
busca tu debilidad.

Lágrimas no hay en mis ojos
para quien no las merece,
y en mi alma solo crece
amor en lugar de enojos.

Para qué tanto sufrir

La vida es corta, se acaba
lo que vamos a vivir
y por qué tanto sufrir
para no llevarnos nada.

Del orgullo y de la fama
nos debemos olvidar,
todos nos vamos igual,
y no nos llevamos nada.

Ayuda desinteresada
bríndale a aquel que no tiene,
si a ti te sobra y tú puedes,
eso no te cuesta nada.

A veces perdiendo ganas,
ayuda al pobre caído,
si al fin te llevas contigo
una ropa que no es nada.

No te creas seguro

Te vas y nunca sabes,
es la realidad,
te vas y nunca sabes
toda la verdad.

No me creerán jamás
aunque trate de explicar,
triste es tener que pagar
por lo que hacen los demás.

Quisiera que la humanidad
pudiera cambiar de repente,
y enseñar a mucha gente
a mostrar siempre piedad.

No puedo entender por qué
recibo tanta maldad
de quien tuvo mi bondad,
de quien con gusto ayudé.

No te creas seguro
empuñando la maldad.
No andes senderos oscuros
que después te pesará.

La vida

Los golpes que da la vida
debes saberlos llevar
te debes acostumbrar,
seguirle al mundo su rima.

Aunque estés llena de heridas,
no sufras por los demás;
la vida es corta, se va,
te quedas llena de espinas.

Nunca supe de mentiras
hasta llegar a esta edad,
y me duele la verdad
que he descubierto escondida.

Te sientes tan destruida,
cuando encuentras la maldad,
que han usado en realidad
para acabar con tu vida.

Siempre lo recordaré

Por la forma en que vivía
siempre voy a recordar
a quien todo supo dar,
sin mirar lo que tenía.

En la mañana salía,
a ver lo qué iba a encontrar,
sin saber si iba a virar
por el sistema que había.

A veces la policía
por el lado me pasaba,
momentos en los que temblaba,
pero siempre resolvía.

A mi familia quería
siempre ayudar sin pensar,
lo que pudiera pasar.
¡Eso era todos los días!

A mi familia

A mi familia

El día que yo me muera
no me vayan a llorar.
Quiero que sigan igual
como si aquí yo estuviera.

Sé que aunque no lo quisieran
muchos me van a extrañar.
Piensen que todo es igual
que antes de que yo me fuera.

Si pensar así pudieran
muy felices van a ser.
Desde el cielo seguiré
cuidándolos de otra manera.

Yo siempre los cuidaré
de eso no les quepa duda.
No me dieron amarguras
con ustedes fui feliz.

Pero la vida es así,
nos tenemos que marchar
también tendré que dejar
todo por lo que viví.

La tierra donde nací

La tierra donde nací
no la he podido olvidar,
si pudiera regresar
y vivir lo que viví.

Tres hermanos tengo allí
de los que nunca me olvido,
si escogiera dos caminos
vuelvo por el que partí.

Tanto amor que recibí
de mi familia querida,
hoy daría hasta la vida
por tener todo eso aquí.

El día que yo salí
de mi Cuba idolatrada,
le juré a mi tierra amada:
siempre seré lo que fui.

Qué triste es vivir así

La familia para mí
siempre ha sido lo primero,
cuanto los amo y los quiero,
por ellos siempre viví.

Toda la vida yo fui
hermana, hija y esposa.
He sido madre amorosa.
Mi alma entera les di.

Qué triste es vivir así
con esta separación
y con todo ese dolor
que llevo dentro de mí.

Fueron, se puede decir,
algo muy grande en mi vida,
no me gustan las mentiras,
yo en su cariño creí.

Ya es muy tarde para mí,
se está agotando mi vida,
quizás noten las heridas,
que nublaron mi existir.
Gracias yo le doy aquí
por todo lo que vivimos,
tal vez en otro camino,
con ustedes sea feliz.

Te quiero con la vida

Te quiero con la vida

I

Fui a tu escuela y me dijeron
que eres muy inteligente,
aplicado y obediente,
que eras un niño bueno.

Ruego a Dios que en lo adelante
así tú puedas seguir,
trayéndome esa alegría,
que me hace sonreír.

Te grabo esta poesía
que te llegue cual canción,
de una madre cariñosa
que por ti da el corazón.

Te quiero con toda el alma
hijo tú eres mi pasión.
Siempre has sido de mi vida
la más sagrada razón.

Le ruego a mi Dios divino
que te cuide y te ayude
que te guie y te aparte
de los malos caminos.

II

Que luches y progreses
en todos tus estudios,
en todos tus proyectos
que te acompañe Dios.

Que ganes la batalla
que siempre he deseado
para que mañana
no sufras lo que yo.

La vida no me ha dado
más que lucha y trabajo
y no quiero que pases
lo que por mí pasó.

Trabajé noche y día
para progresar,
pero sin estudios,
no se puede triunfar.

Cuando era una niña
siempre quise estudiar
pero era imposible
poderlo realizar.

III

Los años han pasado
cansada estoy de verlos.
Ahora son mis desvelos
porque puedas llegar.

Llegar, llegar a triunfar
en todo lo que quieras
y que nunca te suceda
lo que a mí me sucedió

Estudia mucho y verás,
que progresar es bien fácil,
si enfrentas cada batalla
muy sencillo te será.

Hoy tienes a tu papá
y a tu mamá que te ayudan
a que realices tu vida.
Sé que lo conseguirás.

Hoy quizás lo que tú quieres
sí te lo podemos dar,
pero mañana no sé,
si lo pueda realizar.

IV

Cuando uno es joven no piensa
ni oye consejos de nadie
y después dices: ¡hay Dios!
por qué no escuché a mis padres.

Para terminar quisiera
pedirte algo sagrado,
que jures llevar la vida
como hasta aquí la has llevado.

Esto que estoy grabando
quizás bonito no está
guárdalo como un recuerdo
de tu querida mamá.

Ruego a la virgen divina
a Dios y a la Caridad
que te acompañen mi vida
por toda la eternidad.

De tu mamá que te quiere con la vida.

Es tan poco lo que queda

Que no se rompa la unión
de una familia querida,
que no se gaste la vida
con disgustos y traición.

Para qué tanto rencor,
si es tan poco lo que queda,
vivir de esa manera,
no vale la pena hoy.

Cuando veas una flor
se la das al ser querido,
y enterrado en el olvido,
deja todo ese rencor.

Cuando te falta el amor,
y vives siempre penando,
en tu mente van quedando
mil memorias sin color.

Mi partida de Cuba

El día de mi partida
a mi familia dejé,
cuánto sufrí y lloré,
triste fue la despedida.

Veinte años con la herida
de sabernos separados,
para mí fueron sagrados,
siempre ellos fueron mi vida.

Ese día de mi partida,
bien fuerte tuve que ser
sin saber si iba a volver
a mi Cuba tan querida.

Luché con ansia encendida
para poderlos traer
siempre he añorado tener,
a mi gente reunida.

Sorpresas nos da la vida
algunos hoy me rechazan,
por mi casa ya no pasan
ni a darme los buenos días.

A mi hijo

I

Pronto hijo mío yo espero
graduado poderte ver
y un título de bachiller
en Ciencias y Letras anhelo.

Deseo que en ese día,
que muy pronto ha de llegar,
la sorpresa me has de dar
diciéndome: madre amada.
ya tienes en tu morada
lo que te quise brindar.

II

Ahora tienes que luchar
y seguir hacia adelante.
Así tu saldrás triunfante
en lo que vas a escoger.

Como tú lo puedes ver
yo siempre te he de ayudar
a tu camino labrar
y eso para mí sería
sacarme la lotería
sin tenerla que jugar.

III

Hijo yo quiero que tú
ahora sigas estudiando,
cada día progresando
y mi sueño lograré.

Nada más te pediré,
tan solo el bien para ti.
Si tú lo cumples así
nunca te habrá de pesar.
Así tú podrás triunfar
y yo podré ser feliz.

IV

Hijo querido del alma
sé que no me fallarás.
Yo sé que tú seguirás
cada día progresando.
Yo continuaré luchando
hasta que te pueda ver,
al fin llegar y vencer
lo que tanto he deseado.

Con mi Dios que en todos lados siempre me ha sabido oír

V

Un día tú me dijiste
que no ibas a estudiar.
La muerte me vas a dar,
no me lo repitas más.

Si hoy no me quieres oír
pronto te habrá de pesar
antes de los treinta años
de mí te vas a acordar
y no podrás regresar,
tendrás que seguir así.

VI

Con lágrimas en los ojos
te he escrito esta poesía
y te pido vida mía
que tú sigas estudiando,
cada día progresando
para yo poderte ver
y antes de morir tener
lo que he vivido anhelando.

Con mi Dios que en todos lados siempre me ha sabido oír.

En el campo yo crecí

En el campo yo nací,
en la tierra caminaba,
entre árboles andaba
¡qué lindo era para mí!

Con mis padres yo crecí,
y con todos mis hermanos,
junticos siempre jugamos,
no olvido de dónde fui.

Quisiera volver a allí
recordar los viejos tiempos,
nunca olvido eso momentos
tan lindos que yo viví.

De mi tierra un día partí
allí aún tengo a mis hermanos
sobrinos, parientes lejanos,
por eso con amor volví.

Biografía de la autora

Eloína Márquez nacida en Cuba en el año 1933, en el seno de una familia campesina radicada en Consolación del Sur, Pinar del Río.

Desde pequeña soñaba con ser escritora, pero los azares de la vida la condujeron por caminos diferentes. Tal fue así, que en el año 1980 emigra hacia New York, Estados Unidos junto a su esposo y único hijo de 15 años en busca de un futuro mejor. En el afán de salir adelante en esta nueva tierra, se vio alejada de su sueño una vez más, pero ni el cansancio ni el trabajo pudieron apagar su musa.

Actualmente reside en Brooklyn y durante años se ha mantenido escribiendo sus poemas que hoy, logra reunir en este libro; añorando dejarlo como recuerdo a su familia, seres queridos y a todas las personas que al leerlo, encontrarán parte de su vida reflejada en estas páginas.

www.ingramcontent.com/pod-product-compliance
Lightning Source LLC
Chambersburg PA
CBHW051849040426
42447CB00006B/771